ショクヒン戦隊 ロスゼロン！

文／藤田あお　絵／関口宏美

ぼくの名前は、たもつ。
毎日サッカーばかりしている小学4年生。
帰りはいつも腹ペコだ。でも……

「きょうのおやつこれかぁ。きらいなんだよなぁ。
いーらない。」

「ちょーっと待ったぁぁ！　たもつくん！」

えっ！ だぁれ？

1

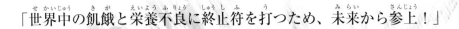

「世界中の飢餓と栄養不良に終止符を打つため、未来から参上！」

食品ロスをやっつけろ！われらはショクヒン戦隊ロスゼロンだ！

「必殺！
ベストチョイス！」

「必殺！
テイクアウト」

「外食だって、残り物には福がある！
わたしはリストランテ！
食べきれないときは、
持ち帰って
おうちレストラン♪」

「食品選びは、未来へのアシスト！
買い物にひとくふう！　おれはカイ！
ベストなタイミングでベストなものを、
ベストな量で！」

「必殺！
無限大アクション！」

「むだのないレシピ、賞味期限の管理、保存方法のくふう、おすそわけ、リメイク料理。
家でできるくふうは無限大だ！　われこそはホーム！　食べることは、命のリレー。
アンカーがごみ箱なんてむなしいぞ！」

「えっ！　飢餓に終止符って……
そんなかんたんにできるわけない。
世界ってすごい人数だよ。」
「だいじょうぶ、わたしたちがきたか
らには心配ご無用。未来の地球では、
人にも地球にもやさしい農業が営ま
れ、飢餓問題も解決している。みん
なが食べ物にこまらない、そんな世
界見たくないかい？」

もし、そんなことが実現したら……。
ぼくはドキドキした。
「見たい！」
「その意気だ！
さぁ、いっしょに
未来の地球へいこう！」

うん！

右は、世界各地の飢餓の状況を、世界地図上にあらわしたものです。栄養不足人口（飢餓人口）の割合が色わけされていて、国ごとにわかるようになっています。

ぼくの名前はG's くん。このシリーズのナビゲーターだよ。くわしくは、『入門』の巻を見てね。

G's くん　→

ハンガーマップ
● ● ● ● ● ● ● ● ● ● ● ● ●

この地図は、国際連合世界食糧計画（WFP）*がつくっているもの。濃い赤色（■）の国では、3人に1人以上が飢餓に苦しんでいます。一方で、水色（■）の国では、全人口に対する飢餓に苦しむ人びとの割合は非常に少なくなっています。世界全体では、およそ9人に1人にあたる8億2000万人あまりの人びとが飢餓に苦しんでいます。

*国連唯一の食料支援機関で、世界最大の人道支援機関。世界から飢餓と貧困をなくすことをめざしている。

●各国の栄養不足人口の割合

グリーンランド
アイスラン

カナダ

アメリカ合衆国

大西洋

バハマ

メキシコ　　キューバ　ハイチ　ドミニカ共和国
ベリーズ　ジャマイカ　プエルトリコ(米領)　アンティグア・バーブーダ
ホンジュラス　　　　　　　　・ドミニカ
グアテマラ　ニカラグア　　　　　・バルバドス
エルサルバドル　　　　　　　・グレナダ
コスタリカ　　　　　　トリニダード・トバゴ
パナマ　　ベネズエラ　　スリナム
コロンビア　ガイアナ　仏領ギアナ
エクアドル

ペルー

ブラジル

ボリビア

パラグアイ

太平洋　チリ

西サハラ

カーボベルデ
セネガル
ガンビア
ギニアビサウ

シエラレオネ

アルゼンチン　　ウルグアイ

フォークランド(マルビナス)諸島

「世界の飢餓」

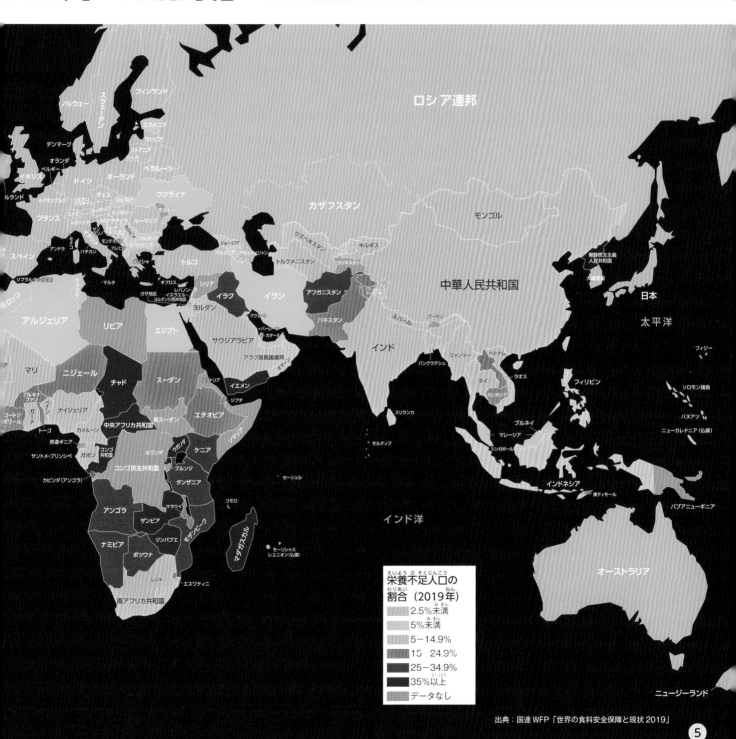

栄養不足人口の割合（2019年）

- 2.5%未満
- 5%未満
- 5-14.9%
- 15-24.9%
- 25-34.9%
- 35%以上
- データなし

出典：国連WFP「世界の食料安全保障と現状2019」

はじめに

　みなさんは、このシリーズのタイトル「SDGsのきほん」をどう読みますか？「エスディージーエスのきほん」ではありませんよ。「エスディージーズのきほん」です。

　SDGsは、英語のSUSTAINABLE DEVELOPMENT GOALSの略。意味は、「持続可能な開発目標」です。SDGがたくさん集まったことを示すためにうしろにsをつけて、SDGsとなっているのです。

　SDGsは、2015年9月に国連の加盟国が一致して決めたものです。17個のゴール（目標）と「ターゲット」という「具体的な目標」を169個決めました。

　最近、右のバッジをつけている人を世界のまちで見かけるようになりました。SDGsの目標の達成を願う人たちです。ところが、言葉は知っていても、「内容がよくわからない」、「SDGsの目標達成のために自分は何をしたらよいかわからない」などという人がとても多いといいます。

SDGsバッジ

　ということで、ぼくたちはこのシリーズ「SDGsのきほん」をつくりました。『入門』の巻で、SDGsがどのようにしてつくられたのか、どんな内容なのかなど、SDGsの基礎知識をていねいに見ていき、ほかの17巻で1巻1ゴール（目標）ずつくわしく学んでいきます。どの巻も「絵本で考えよう！SDGs」「世界地図で見る」からはじめ、うしろのほうに「わたしたちにできること」をのせました。また、資料もたくさん収録しました。

　さあ、このシリーズをよく読んで、みなさんも人類の一員として、SDGsの目標達成に向かっていきましょう。

稲葉茂勝

SDGが
たくさん集まって、
SDGsだよ。

もくじ

① 飢餓とは？

人間は、たとえ健康であっても食べ物が不足して食べられないと、栄養不足となって生きていけなくなります。その状態が「飢餓」です。

「ZERO HUNGER」の意味

2つ目の目標の「テーマ」*1は、英語で「ZERO HUNGER」、日本語では「飢餓をゼロに」です。目標はつぎのようになります。

- End hunger, achieve food security and improved nutrition and promote sustainable agriculture
- 飢餓を終わらせ、食料安全保障及び栄養改善
(hunger)　(end)　(food security)　(improved nutrition)
を実現し、持続可能な農業を促進する
(achieve)　(sustainable)　(agriculture)　(promote)

「飢」「餓」「饉」

「飢餓」の「飢」「餓」という漢字は、どちらも「う（える）」と読み、食べ物を食べられない状態のことを意味します。また、「う（える）」には、「飢饉」の「饉」という漢字もつかわれます。「饉」は「穀物*2が不作であること」で、農作物のなかでも穀物がとれない状態をさします。

「飢餓で死ぬ」とは？

飢餓（うえ）がながく続き、死ぬことを「餓死」といいます。

人間はまったく食べなくても、水さえあれば場合によっては1か月以上生きつづけることができると考えられています。でも食べ物から栄養をとらないと、健康ではいられません。食べ物がなくて栄養不足になると、体力がなくなります。かぜをひいて肺炎を起こしたり、下痢をしたりして死んでしまうことがあります。

ユニセフ*3の調査では、世界の5歳未満の子どもの死亡原因は、肺炎、下痢、マラリアが全体の約28％をしめています*4。赤ちゃんの場合、必要な栄養をとれないでいると、目が見えなくなったり、脳に障がいが出たりすることもあります。

*1 SDGsのロゴマークといっしょに書かれている短文のこと。
*2 人間が主食とする作物。米・麦・あわ・トウモロコシなど。
*3 すべての子どもの命と権利を守るために活動する国連機関。国連児童基金（UNICEF）。
*4 出典：日本ユニセフ協会ホームページ

ブラジルは、穀物のうち大豆とトウモロコシの世界最大級の輸出国だ。

穀物は足りている！

　1年間に人間が必要とする穀物量は、1人あたり約180kgといわれています。それに対し、現在世界では1人あたり約360kgもの穀物を生産しています。つまり、世界では必要な量の2倍近くの穀物を生産しているのです。それにもかかわらず、世界では現在、8億人以上が飢餓に苦しんでいるといわれています（→p10）。

世界の穀物生産量÷世界の人口＝約360kg

出典：「FAO Crop Prospects and Food Situation 2020」

飢餓とは正反対の問題

　WFPは、世界の飢餓の状況について発表すると同時に、肥満についても「依然増加傾向にある」としています。飢餓の正反対の状態である「過食（食べすぎ）」による肥満がいま、世界中で増加しているのです。

　肥満の成人の数は、6億7200万人。これは全成人のうち8人に1人が肥満であることを意味します。肥満が原因でさまざまな病気をひきおこして、亡くなる人が多くいます。

❷ 世界の飢餓人口

WFPは2019年に「8億2100万人が飢餓状態」と発表しました。
このままでは、SDGsの目標2「飢餓をゼロに」の達成は
むずかしいと見られています。

SDGsが発表されてからも

世界の国ぐには、2015年に「飢餓をゼロにしよう」と誓いあいました。でも、2019年の「世界の食料安全保障と栄養の現状」という報告書によると、2018年は推計8億2000万人がじゅうぶんな食料を得ることができず、世界の飢餓人口は3年連続で増加しているのです。

SDGsの目標達成期限は、2030年。このままでは、SDGsの目標2の達成は不可能だと心配されています。SDGsの目標2を達成するための対策の1つとして、「発育阻害*の子どもの数を半減させ、低出生体重児を減らす」があげられています。ところがその対策の実行は、非常におくれています。また、そのほかのさまざまな対策もおくれています。

＊生後1000日のあいだに適切な栄養をとれずに、子どもの身体的・精神的発達がさまたげられること。

では、人口の3分の1近く（30.8％）が栄養不足」に苦しんでいるといいます。

また、サハラ以南のアフリカ地域と南アジアの3人に1人の子どもは、発育阻害を起こしていると推定されています。

数字で見る飢餓

ユニセフをふくむ5つの国連機関は、世界の飢餓の状況について、つぎのようにさまざまな角度からその深刻さを示しました（2019年発表）。

- 飢餓人口：8億2160万人（9人に1人）
  地域別の内訳はつぎの通り。

  アジア：5億1390万人

  アフリカ：2億5610万人

  ラテンアメリカ・カリブ海地域：4250万人

  オセアニア地域：260万人

  その他の地域：650万人

- 低出生体重児（生まれたときの体重が2500g未満の赤ちゃん）：2050万人（7人に1人）

- 発育阻害（年齢相応の身長に達していない状態）の5歳未満の子ども：1億4890万人（21.9％）

- 消耗症（身長に対して体重が少なすぎる状態）の5歳未満の子ども：4950万人（7.3％）

- 過体重（身長に対して体重が重すぎる状態）の5歳未満の子ども：4000万人（5.9％）

出典：日本ユニセフ協会ホームページ

飢餓に苦しむアフリカのマラウイの子どもたち。

飢餓人口が増加している地域

4、5ページのハンガーマップからもわかる通り、飢餓が起きているのは、おもにアフリカとアジアです。より深刻なのがアフリカで、飢餓蔓延率が非常に高くなっています。WFPによると、アフリカのサハラ以南での飢餓蔓延率は「近年ゆっくりと着実に上昇」し、「東アフリカ

③ 世界の飢餓が起こる原因

飢餓は、雨不足や洪水などの自然災害によって農作物がとれなくなることが原因で発生します。でも、飢餓の起こる原因はほかにもあります。それは、人類です。どういうことでしょうか。

飢餓の最大の原因は紛争

世界の飢餓の最大の原因は、紛争です。とくに紛争による飢餓が深刻なのが、中央アフリカ共和国、イエメン、アフガニスタン、イラクです。これら4つの国だけで、飢餓人口の合計が3500万人以上になっています。これらの国では、はげしい内戦が起きています。イエメンでは、2015年に政府軍と反政府勢力の内戦が勃発。農村が戦場となり、農作物を生産できなくなりました。その結果、深刻な飢餓が起こり、世界の飢餓人口が増大しました。また、イエメンでは下痢とコレラも蔓延。大規模な集団感染が発生し、餓死者も増加しています。とくに幼い子どもがどんどん餓死しているのです。

イエメンの内戦で破壊された居住地。

イエメンにかぎらず、近年世界の紛争はどんどんふえつづけ、飢餓の広がりにつながっているよ。

地球温暖化も飢餓の原因！

現在、世界中で大きな自然災害によって飢餓が起きています。しかも、自然災害の発生数は年ねん増加しています。アフリカなどの開発途上国で起きた洪水や干ばつの数は、1990年と比較して2倍以上になったと発表されています[1]。

地球温暖化が関係して極端な気象現象が多発するようになってきた[2]ことが、減少傾向にあった世界の飢餓人口をふたたび増加させているのです。もとより地球温暖化をひきおこしたのは人類なのですから、この点でも人類が飢餓の原因であるといえるのです。

[1] 国際連合国際防災戦略事務局（UNISDR）が2018年に発表。
[2] 環境省「令和元年 環境白書」より

ほんとうの原因は？

穀物は、世界中のすべての人びとが飢餓におちいらないですむだけの量が生産されています（→p9）。では、なぜ飢餓が起こるのでしょうか？それは、食料を生産したり他国から買ったりすることができない地域に食料がいきとどいていないからです。

自然災害や戦争によって農作物を収穫できない状態の地域であっても、そこへ食料が届けられれば飢餓は発生しません。それができないような政治、経済、社会のしくみは大きな問題の1つです。また、個人としても、国としても、貧困に苦しんでいると、食料を買うことができません。これらのことから、飢餓の本当の原因は、貧困だということもできます。

●各国の絶対的貧困[3]の割合

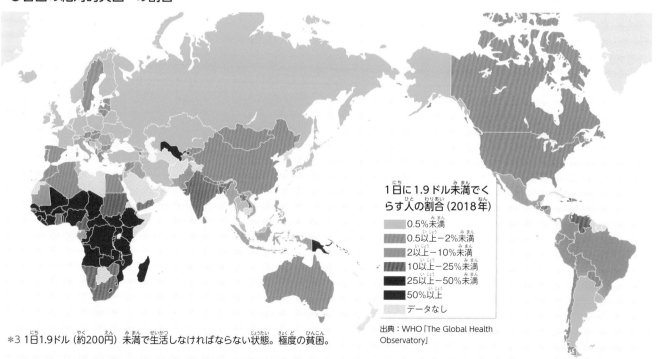

1日に1.9ドル未満でくらす人の割合 (2018年)

- 0.5%未満
- 0.5以上－2%未満
- 2以上－10%未満
- 10以上－25%未満
- 25以上－50%未満
- 50%以上
- データなし

出典：WHO「The Global Health Observatory」

[3] 1日1.9ドル（約200円）未満で生活しなければならない状態。極度の貧困。

アフリカ・ウガンダの都市ジンジャ近くにある村の家族。

貧しい国ほど子どもが多い

　飢餓が発生している国の貧しい家庭では、子どもをたくさん産みます。なぜなら貧しいから働く人がより多くいるほうがいいのです。また、そのような国では５歳未満の子どもの死亡率が高く、生まれても死んでしまう可能性が高いことから、子どもをたくさん産むのです。右は、乳児＊1000人あたりの死亡人数が多い国を示すグラフです。上位はすべてアフリカの国ぐにです。日本は下から５番目（189位）で、いちばん少ないのがフィンランド（193位）です。

＊生後１年未満の子ども。

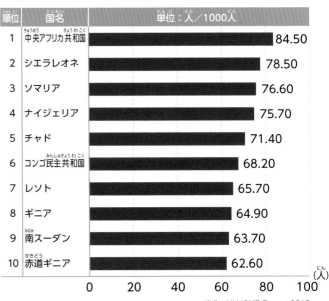

●世界の乳児死亡率の国別ランキング（2018年）

順位	国名	単位：人／1000人
1	中央アフリカ共和国	84.50
2	シエラレオネ	78.50
3	ソマリア	76.60
4	ナイジェリア	75.70
5	チャド	71.40
6	コンゴ民主共和国	68.20
7	レソト	65.70
8	ギニア	64.90
9	南スーダン	63.70
10	赤道ギニア	62.60

（人）
0　20　40　60　80　100

出典：UN IGME Report 2019

国際支援はどうなっている？

飢餓人口が多い国では、国内では対策が立てられず、国連機関や先進国、非政府組織（NGO）[1]などの食料支援を受けています。

食料支援をおこなっている国連機関の１つに国際連合食糧農業機関（FAO）[2]があります。

FAOは「すべての人々が栄養ある安全な食べ物を手にいれ健康的な生活を送ることができる世界を目指す」という目的のもとに、つぎのようなことをおこなっています。

• 飢餓、食料不安および栄養失調の撲滅
• 貧困の削減とすべての人びとの経済・社会発展
• 現在および将来の世代のための天然資源の持続的管理と利用

また、先進国は、政府開発援助（ODA）（→p30）のかたちで、食料支援をおこなっています。さらに、NGOもさまざまな支援活動をおこなっています（→『貧困』の巻）。しかし、残念ながら世界の飢餓はいまだに解消されていません。このままでは、「飢餓をゼロに」の達成は、むずかしいと見られています。

穀物はあるとはいっても

現在、世界の穀物のうち40％が人間ではなく、家畜のえさにされています。

ヨーロッパやアメリカ、日本などの先進国では、世界でとれる穀物の19％を、牛、豚、鶏などのえさとしてつかっています。

先進国だけの問題ではありません。開発途上国でもお金のある人は、おいしい肉を食べてくらしています。肉だけでなく、バターやチーズなどの乳製品をたくさんとる人は、栄養過多となりどんどん太っています。

その一方で、世界では、毎日2万5000人が飢餓で死んでいるのです。

国民の約３割が肥満だというアメリカは、世界でも肥満人口の多い国だ。世界中で肥満が増加する原因としては、安価な高カロリー食品の普及や、健康意識の低さがあげられる。

[1] 民間で設立された非営利の国際協力組織。
[2] 飢餓をなくすための国際的な取りくみを主導する国連の専門機関。

④日本には飢餓がないの？

経済大国である日本には、飢餓がないと思われるかもしれません。でも日本にも、住むところがなく、食料にこまっている人が大勢います。毎年、餓死者も出ているのです。

餓死と食料不足経験者

厚生労働省の人口動態統計によると、2016年に「食料の不足」つまり飢餓が原因で死亡した人は15人となっています。「飢餓」とまではいえなくても、「食料不足を経験したことがある」という人の数は、少なくありません。

2014年におこなわれた「第6回・世界価値観調査」（対象者18歳以上）によると「この1年間で十分な食料がない状態で過ごしたことがあるか」の質問に対し、100人に5人の日本人が「ある」と答えています。また、相対的貧困率*（→17ページ）が拡大するなか、餓死者や食料不足で体調を悪くする人は増加傾向にあります。

*その国の平均的な生活水準とくらべて所得がいちじるしく低い世帯の割合。

飢餓は開発途上国だけのことではないよ。

日本の飢餓と絶対的貧困

現代の日本では、飢餓や絶対的貧困はほとんど見られません。なぜなら、生活保護制度があって、生活していけない人や食べ物がない人などに対し、国が現金などを支給しているからです。それでも、さまざまな理由で生活保護が受けられなくなった人が餓死する事態も起こっているのです。

もっとくわしく

戦争による日本軍人の餓死者

第二次世界大戦で死亡した日本軍人などは約230万人と推定されている。一橋大学名誉教授で歴史学者の藤原彰氏の研究*によれば、そのうちの127万6240人が餓死だったという（死因の公式な統計はない）。日本軍の戦死者は、戦闘死よりも餓死のほうが多かったことになる。

*厚生省（現厚生労働省）援護局のデータによる

学校の給食が最大の栄養源で、お腹を満たす食事であるという子どもたちは少なくない。

子どもの相対的貧困

　厚生労働省によると、子どもの相対的貧困率が上昇傾向にあります。6、7人に1人の子どもが貧困状態にあるといわれています。なかでも、おとな1人で子どもを養育している家庭（ひとり親世帯）の相対的貧困率が高くなっています（→『貧困』の巻）。そうした家庭の子どもの多くが食料不足を経験しています。1日のうち、食べられるのは、学校の給食だけという子もいます。栄養不足から体調をくずす子もふえています。

●相対的貧困率の推移

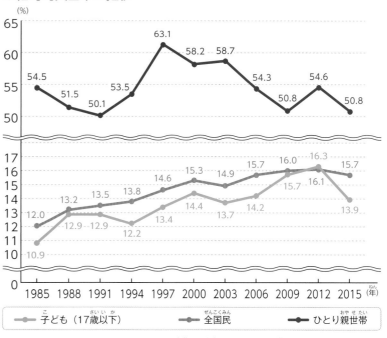

(%)

ひとり親世帯: 54.5（1985）、51.5（1988）、50.1（1991）、53.5（1994）、63.1（1997）、58.2（2000）、58.7（2003）、54.3（2006）、50.8（2009）、54.6（2012）、50.8（2015）

全国民: 12.0（1985）、13.2（1988）、13.5（1991）、13.8（1994）、14.6（1997）、15.3（2000）、14.9（2003）、15.7（2006）、16.0（2009）、16.3（2012）、15.7（2015）

子ども（17歳以下）: 10.9（1985）、12.9（1988）、12.9（1991）、12.2（1994）、13.4（1997）、14.4（2000）、13.7（2003）、14.2（2006）、15.7（2009）、16.1（2012）、13.9（2015）

凡例: —— 子ども（17歳以下）　—— 全国民　—— ひとり親世帯

出典：厚生労働省政策統括官付世帯統計室「国民生活基礎調査」

⑤ 世界の飢餓をなくすには？

飢餓をなくすには飢餓の原因を解消しなければなりません。
ところがその原因は、12〜15ページに記したようにたくさんあり、
また、それぞれが複雑に関係しあっています。

突発的な飢餓・慢性的な飢餓

　飢餓といっても、じつは突発的なものと慢性的なものにわけられます。突発的な飢餓は、紛争や自然災害など突発的な原因によって発生するもので、慢性的な飢餓は、農業の生産性が低かったり、食料をいきとどかせることができなかったりなど、社会のしくみによって起こるものです。

　突発的な飢餓の解消には、紛争をなくす、自然災害の被害が大きくならないよう備える、貧困をなくすなどの対策が必要です。一方慢性的な飢餓の対策としては、つぎのことなどが考えられます。

- できるだけ多くの人に食料が届くように、輸送費などによって食べ物の価格があがらないようなしくみを整える。
- 開発途上国の農業生産性をあげたり、農作物の保管や加工の技術を高める。

世界では毎年、人間が食べる目的で生産された食料のうち、3分の1が廃棄されているという。

先進国ではあまった食べ物が廃棄される「食品ロス」が問題になっている。

<small>（のうぎょうせいさん）（じりつ）</small>
農業生産の自立プロジェクトに参加する<small>（さんか）</small>タンザニアの子<small>（こ）</small>どもたち。

国際支援の種類

飢餓が深刻な開発途上国に対しては、国どうしの支援活動がどうしても必要となりますが、FAO（→p26）やWFP（→p26）などの国連機関やNGO（→p30）による支援も欠かせません。そうした国際支援活動には主につぎのものがあります。

- **緊急食料支援**：飢餓の原因となる紛争や洪水などの自然災害は突然起こる。こういった際の飢餓をなくすには緊急食料支援が重要。緊急食料支援は一時的な対策だが、それでも、それにより農業や生活の基盤を取りもどせることもある。

- **自立支援**：飢餓に苦しむ人たちが支援にたよるばかりでなく、自立できるようにするのが、自立支援だ。自立支援のはじめは、生活基盤をつくりあげるためのインフラの整備だといわれている。その第一が水とトイレ。そして交通や電気などのインフラ整備も必要。

- **母子栄養支援**：妊産婦のリスクや新生児の栄養状態を改善させるためにも、母子の栄養支援は重要な取りくみの１つ。また母子がもっとも飢餓にさらされやすいため、緊急支援と復興・開発支援のいずれにおいても、妊産婦への栄養支援や産後のケアなどが大きな効果を生みだすと考えられている。

- **学校給食支援**：子どもたちへの支援として、学校給食が重要。子どもたちの栄養状態や健康改善のためはもちろん、給食があることにより、子どもが学校にくるようになるなど、その重要性が指摘されている。

⑥ わたしたちにできること

飢餓に苦しむ人びとに対し、世界中でさまざまな取りくみが
おこなわれています。じつは、国や国際機関、NGOなどがおこなう
取りくみを応援する形で、わたしたちにもできることがあります。

世界の現状を知ること

一口に「飢餓をゼロに」といっても、飢餓が起こる原因は国や地域によってさまざまで、それぞれにとるべき対策がことなります。この本で見てきたように、まずは飢餓とはどんな問題なのか、なぜ起こるのかを理解することが、わたしたちにできる第一歩です。「正しく知る」というのは、どのような行動や対策をとるべきなのかを考える上で、欠かせない作業なのです。

寄付やボランティア

飢餓の撲滅のために支援活動をしているNGOはたくさんあります。そうした団体はたいてい広く寄付を募っています。

インターネットなどで検索して、飢餓の支援活動をしている団体を探して寄付をするのは、間接的に飢餓に苦しむ人びとを支援することにつながります。

集めた寄付金は、実際に配布される食料などを購入するほか、その団体が現地に人を派遣したり、もとより、その団体を運営する資金としてつかわれたりします。また、子どもにはできませんが、直接的に支援したいというおとなは、支援団体が募集するボランティアとして支援活動をおこなうこともできます。

広める

飢餓についてしっかり知ったあとは、その情報を発信・拡散することも、わたしたちにできる支援です。

たとえば、SNSやブログで寄付やボランティアについて、より多くの人に情報を拡散することは、いまの時代にはとても重要です。

自分がなんらかの行動を起こし、1人でも多くの人を巻きこむことで、支援の輪を広げていくことにつながります。

SDGs のポスターをつくろう！

SDGsの目標2「飢餓をゼロに」について、より多くの人たちに興味をもってもらうために、ポスターをつくってみましょう。そのために、まずは飢餓の問題と目標2の内容についてしっかりと理解することが必要です。

ふつうポスターをかくには、まず、何のためにかくのか目的をはっきりもっていなければなりません。つぎにだれに見てもらうのかを考えます。たとえば、街にはる場合、子どもからお年よりまでが理解できるように意識することが必要です。学校のなかにはるものなら、1人でも多くの友だちにメッセージをアピールすること。メッセージは、簡潔にまとめることが重要です。長い文では読み手は、読みきらないうちに通りすぎてしまいます。

伝えたい言葉は、簡潔で短い文言にしなければ読み手の心に届きません。

ポスターのつくり手が、飢餓とは何か？ 飢餓をゼロにするにはどうすればよいか？ について、しっかり勉強した上でないと、よいポスターはかけません。

なお、この絵は、世界的に有名なイラストレーターの黒田征太郎さんがかいたものです。

ポスターをつくることが、SDGsの目標達成のために「わたしたちにできること」になるんだ。ほかの目標についても調べてみよう。

●黒田征太郎さんがかいたSDGsのポスター

⑦ だからSDGs目標2

2015年に世界はSDGsの目標を17個つくりましたが、その前の
2000年には、「ミレニアム開発目標（MDGs*）」という8個の目標を
立てました。その目標1が「極度の貧困と飢餓の撲滅」でした。

MDGsの成果と限界

MDGsの8個の目標は、つぎの通りでした。

 1 目標1：極度の貧困と飢餓の撲滅

 2 目標2：普遍的な初等教育の達成

 3 目標3：ジェンダーの平等の推進と女性の地位向上

 4 目標4：幼児死亡率の引き下げ

 5 目標5：妊産婦の健康状態の改善

 6 目標6：HIV／エイズ、マラリア、その他の疾病の蔓延防止

 7 目標7：環境の持続可能性の確保

 8 目標8：開発のためのグローバル・パートナーシップの構築

出典：国連広報センターホームページ

　MDGsがつくられてから、開発途上国の飢餓が少しずつへってきましたが、「撲滅」はできませんでした。しかも、MDGsが開発途上国を対象にしたものだったのに対し、SDGsはすべての人類の目標。開発途上国とくらべれば、先進国に見られる飢餓はわずかですが、すべての飢餓を撲滅するために、SDGs目標2がつくられたのです。

自然災害の増加により、アフリカでは干ばつの被害がふえている。

©Tomas castelazo

開発途上国では小規模な農業をいとなむ人が多いが、農業生産性が低いといわれる。

*Millennium Development Goals

くもの巣チャートで考えよう！

SDGsのとくちょうの1つとして、17個の目標のうちどれか1つを達成しようとすると、ほかの目標も同時に達成していかなければならないということがあります。ここでは、目標2と強く関係するほかの目標との関連性を見てみます。

目標2を達成するにはほかの目標も同時に達成する必要があるんだよ。

1 飢餓の原因の1つは貧困だ。開発途上国ばかりでなく、先進国でも、飢餓をなくすためには、貧困をなくす必要がある。

3・4 開発途上国では、飢餓におちいるような極度の貧困からぬけだすには教育が必要。一方、先進国にみられる飢餓を救うには、国の福祉政策が欠かせない。

17 目標17は「パートナーシップで目標を達成しよう」。開発途上国の飢餓をなくすには、どうしても開発途上国と先進国とのパートナーシップが必要となる。

9 「産業と技術革新の基盤をつくろう」には、農業技術や食品の保存技術の向上もふくまれている。これらも、飢餓の撲滅に必要なことだ。

14・15 人類は、これまで海や陸からさまざまな食料を得ながららくらくしてきたし、これからもそれは変わらない。ところが現在では、環境悪化により海や陸から得られるめぐみが失われつつある。人類は海の豊かさ、陸の豊かさを守らないかぎり目標2の達成は不可能だ。

13 飢餓の原因には、地球温暖化にともなってはげしくなる洪水や干ばつといった自然災害がある。飢餓を発生させるような自然災害をくいとめるために、目標13の達成が必要。

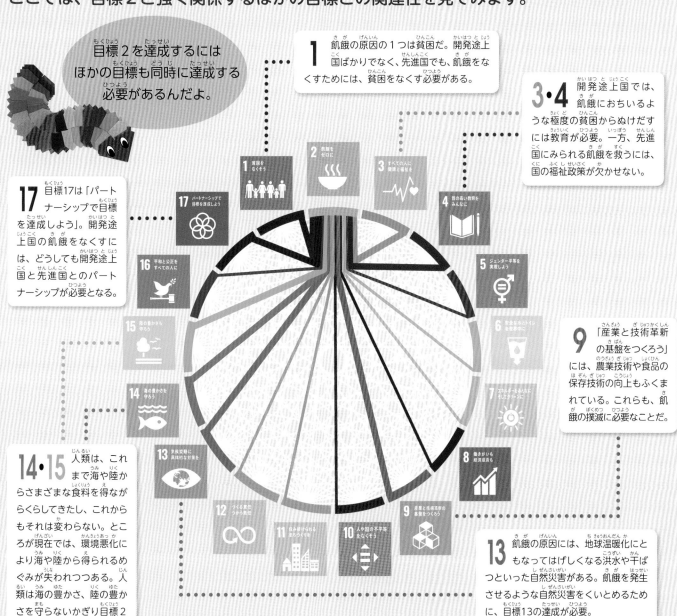

SDGsの全169のターゲット*は、もともと英語で書かれていました。それを外務省が日本語にしたのが右の　　もの。むずかしい言葉が多いので、このシリーズでは、ポイントをしぼって「子ども訳」をつくりました。

2.1　2030年までに、飢餓をなくすように、また、貧困に苦しむおとなや子ども、弱い立場にある人などがいつでも安全で栄養のある食料を手に入れることができるようにする。

食料が不足している国や地域に、食料をいきとどかせるための援助が必要。

2.2　2030年までに、人類の栄養不良をなくす。子どもも、妊産婦も、お年よりも、必要な栄養をとれるようにする。

飢餓をゼロにするには、ただ食べるだけでなく、摂取する栄養素も大事な要素だ。

2.3　2030年までに、小さな規模で食料生産をおこなう農家・牧畜家・漁師などの生産性を高めて収入を2倍にする。

農業の技術を指導したり、機械をつかった農業を普及させたりするのも生産性を高める方法の1つだ。

2.4　2030年までに、生態系を守りながら、収穫や収入をふやし、強靭な（気候変動や洪水、干ばつに強い）農業を進める。

森林をふやす

井戸

用水路

堤防

気候変動や異常気象による被害があっても、もちなおせる設備や技術が必要。

子ども訳
こ　　　　　やく

わかりやすくするために、外務省仮訳から省略している部分もあるよ。
がい む しょうかりやく　　　しょうりゃく
ぶぶん

2.5　2020年までに、種や作物、家畜の多様性
　　ねん　　　　　　たね　さくもつ　かちく　たようせい
を守り、資源から得られた利益は公平にわか
　まも　　しげん　　　　りえき　こうへい
ちあう。

利益が平等にわけあたえられるためのしくみをつくる必要がある。
りえき　びょうどう　　　　　　　　　　　　　　　　　　　ひつよう

2.a　国際協力を強化し、農業生産力を高める
エイ　こくさいきょうりょく　きょうか　のうぎょうせいさんりょく　たか
ための技術や資金を開発途上国に提供する。
　　ぎじゅつ　しきん　かいはつとじょうこく　ていきょう
2.b　農産物の貿易にかかわる制限やゆがみを
ビー　のうさんぶつ　ぼうえき　　　　せいげん
なおす。
2.c　食料価格の変動に歯止めをかけるために、
シー　しょくりょうかかく　へんどう　はど
食料備蓄などの情報を得やすくする。
しょくりょうびちく　　　　じょうほう　え

食料がどこにどれくらいあるのか、情報がわかるようにする。
しょくりょう　　　　　　　　　　　　　じょうほう

目標2のターゲット（外務省仮訳）
もくひょう　　　　　　　　　　　　がい む しょうかりやく

2.1　2030年までに、飢餓を撲滅し、全ての人々、特に貧困層及び幼児を含む脆弱な立場にある人々が一年中安全かつ栄養のある食料を十分得られるようにする。

2.2　5歳未満の子供の発育阻害や消耗性疾患について国際的に合意されたターゲットを2025年までに達成するなど、2030年までにあらゆる形態の栄養不良を解消し、若年女子、妊婦・授乳婦及び高齢者の栄養ニーズへの対処を行う。

2.3　2030年までに、土地、その他の生産資源や、投入財、知識、金融サービス、市場及び高付加価値化や非農業雇用の機会への確実かつ平等なアクセスの確保などを通じて、女性、先住民、家族農家、牧畜民及び漁業者をはじめとする小規模食料生産者の農業生産性及び所得を倍増させる。

2.4　2030年までに、生産性を向上させ、生産量を増やし、生態系を維持し、気候変動や極端な気象現象、干ばつ、洪水及びその他の災害に対する適応能力を向上させ、漸進的に土地と土壌の質を改善させるような、持続可能な食料生産システムを確保し、強靭（レジリエント）な農業を実践する。

2.5　2020年までに、国、地域及び国際レベルで適正に管理及び多様化された種子・植物バンクなども通じて、種子、栽培植物、飼育・家畜化された動物及びこれらの近縁野生種の遺伝的多様性を維持し、国際的合意に基づき、遺伝資源及びこれに関連する伝統的な知識へのアクセス及びその利用から生じる利益の公正かつ衡平な配分を促進する。

2.a　開発途上国、特に後発開発途上国における農業生産能力向上のために、国際協力の強化などを通じて、農村インフラ、農業研究・普及サービス、技術開発及び植物・家畜のジーン・バンクへの投資の拡大を図る。

2.b　ドーハ開発ラウンドのマンデートに従い、全ての農産物輸出補助金及び同等の効果を持つ全ての輸出措置の同時撤廃などを通じて、世界の市場における貿易制限や歪みを是正及び防止する。

2.c　食料価格の極端な変動に歯止めをかけるため、食料市場及びデリバティブ市場の適正な機能を確保するための措置を講じ、食料備蓄などの市場情報への適時のアクセスを容易にする。

＊SDGsでは17の目標それぞれに「ターゲット」とよばれる「具体的な目標」を決めている。
エスディージーズ　　　　　　　　　もくひょう　　　　　　　　　　　　　　　ぐたいてき　もくひょう　き

現在、国連機関やNGOなどが飢餓に苦しむ世界中の人びとを支援するために、さまざまな活動をおこなっています。ここでは、そうした機関や団体の概要を紹介し、どのような活動をおこなっているかをかんたんに見ていきます。

【国際機関】 ・・・

● 国際連合世界食糧計画（WFP）日本事務所

〒220-0012 神奈川県横浜市西区
みなとみらい1-1-1　パシフィコ横浜　6F
電話: 045-221-2510
FAX: 045-221-2511

1963年設立。国連唯一の食料支援機関で、世界最大の人道支援機関。世界から飢餓と貧困をなくすことをめざしている。紛争や武力衝突、自然災害などの緊急事態が発生した際には、いちはやく食料を輸送する。2100以上のNGOと連携し、毎年約80か国の8000万人以上に食料を届けている。

● 国際連合児童基金（UNICEF）

【日本の窓口】(公財) 日本ユニセフ協会
〒108-8607　東京都港区高輪4-6-12
ユニセフハウス
電話：03-5789-2011
FAX：03-5789-2036

1946年設立。第二次世界大戦で被害を受けた子どもたちに緊急支援をおこなうために設立された国連機関。それ以来、すべての子どもの命と権利が守られる世界を実現するために、「子どもの権利条約」を指針として、約190の国と地域で活動している。

提供：(公財) 日本ユニセフ協会

● 国際連合食糧農業機関（FAO）日本事務所

 Food and Agriculture Organization
of the United Nations

〒220-0012 神奈川県横浜市西区みなとみらい1-1-1
パシフィコ横浜　5F
電話：045-222-1101　FAX：045-222-1103

1945年設立。飢餓をなくすための国際的な取りくみを主導する国連の専門機関。開発途上国への農業開発を中心とした支援によって、栄養状態を改善し、農村部の人びとの生活水準の向上をめざしている。また、多くの機関と連携して食料と農業の問題に関して幅広い研究をおこなう。

● 国際農業開発基金（IFAD）

 IFAD
INTERNATIONAL FUND FOR AGRICULTURAL DEVELOPMENT

※日本事務所なし

1977年設立。飢餓と貧困をなくすため、開発途上国に資金を融資することで、農業開発の促進、食料生産の増大、生活水準の向上をめざす国連の専門機関。アフリカの農業にかかわる機関としては世界最大。ローマに本部をおき、96か国で活動をおこなっている。

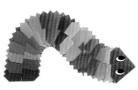
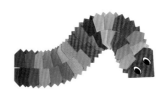

> きょうみのある団体を自分で調べてみよう！

【民間】 •

● 公益社団法人 セーブ・ザ・チルドレン・ジャパン

Save the Children

〒101-0047 東京都千代田区内神田
2-8-4 山田ビル4F
電話：03-6859-0070
FAX：03-6859-0069

　1919年にイギリスで、第一次世界大戦後の栄養不良に苦しむ子どもたちの支援のため創設。子ども支援活動をおこなう国際NGO。「ジュネーブ子どもの権利宣言」を起草し、その理念は「子どもの権利条約」につながり世界に広がる。約120か国で支援活動をおこなっている。セーブ・ザ・チルドレン・ジャパンは1986年に設立された。

● 認定NPO法人TABLE FOR TWO International

TABLE FOR TWO

〒107-0052 東京都港区赤坂
https://jp.tablefor2.org/

　2007年に日本で設立。世界の飢餓と飽食の問題を「日常生活の中で気軽に、楽しく参加できる」社会貢献プログラムで解決することをめざす。先進国で対象の食品を買うと、開発途上国に1食分の学校給食費が寄付されるしくみ。これまでに、7000万食以上の給食を届けている。

● NPO法人 ハンガー・フリー・ワールド

hunger free world

〒102-0072 東京都千代田区
飯田橋4-8-13 山商ビル8階
電話：03-3261-4700
FAX：03-3261-4701

1984年に活動を開始。飢餓をなくすことをめざす国際NGO。住民たちが自分の力で食料を得られるしくみや地域づくりに取りくみ、日本をふくむ5か国で活動する。

©Hunger Free World

● 一般財団法人　日本国際飢餓対策機構

Hunger Zero

〒581-0032 大阪府八尾市
弓削町3-74-1
電話：072-920-2225
FAX：072-920-2155

1981年に日本で設立されたキリスト教系の国際NGO。貧困と飢餓をなくすことをめざす。アジア・アフリカ・中南米の開発途上国の30か国以上で活動する。

独立行政法人 国際協力機構（JICA）は、世界中で開発途上国の支援をおこなっている日本の機関です。飢餓人口をへらすために、どのような取りくみをしているのでしょうか。ここでは、実際にJICAがおこなっている2つのプロジェクトを見てみます。

【政府機関】

● 独立行政法人 国際協力機構（JICA）

〒102-8012 東京都千代田区二番町5-25
二番町センタービル

電話：03-5226-6660

日本の政府開発援助（ODA）を担い、「信頼で世界をつなぐ」を目標として開発途上国の支援をおこなっている。2003年設立。前身は、1974年に設立された国際協力事業団。2018年度には、148の国や地域で年間872件のプロジェクトを進めてきた＊。また、日本から開発途上国へのボランティア派遣事業（青年海外協力隊）もおこない、累計約5万3000人が参加している。

＊プロジェクトの種類には、技術協力、有償資金協力、無償資金協力、国際緊急援助、民間連携、市民参加協力がある。

● 農業灌漑をつくるプロジェクト

国名：ザンビア（アフリカ）
プロジェクト名：持続可能な地域密着型灌漑開発支援プロジェクト
協力期間：2019年1月〜2024年1月

ザンビア

ザンビアは飢餓人口の割合が非常に高い（→p5）。飢餓の原因の1つは、農業技術が乏しい農家が多いことだといわれている。また、近年ふえている干ばつなどの自然災害の影響も大きい（→p13）。そのため、JICAはザンビアの農業省の職員に研修をしてもらい、各農家が水路をつくって田畑に必要な水をひくことで、干ばつに備えることができるように技術支援をしてきた。

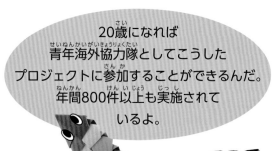

20歳になれば青年海外協力隊としてこうしたプロジェクトに参加することができるんだ。年間800件以上も実施されているよ。

JICAから堰（川から水をとるための仕組み）のつくりかたを学ぶザンビアの農業省職員。

photo：JICA

● 農業保険を開発・普及するプロジェクト

国名：エチオピア(アフリカ)

プロジェクト名：農村レジリエンス強化のためのインデックス型農業保険促進プロジェクト

協力期間：2019年3月～2024年3月

エチオピア

©Sanyu Consultants Inc./Kanno Miho

JICAから農業保険の話を熱心に聞く現地の農家。

エチオピアは、労働人口の約7割が農業でくらしているが、飢餓人口の割合が高い（→p5）。降雨量が少ないため干ばつなどの自然災害を受けやすいことが飢餓の原因。2016年には異常気象によって降雨量が極端に少なくなり、1000万人以上が緊急の食料支援を必要としたといわれる。そうした災害による小規模農家の損失をへらすために、JICAは農業保険＊の開発と普及の支援をしている。

＊とくに天候インデックス型とよばれるしくみを開発している。人工衛星が干ばつなどの自然災害を観測すると、契約している農家に保険金が支払われるしくみだ。

エチオピアでは大規模な干ばつが、人びとの生活に大きく影響する。

SDGs 関連用語解説

極度の貧困 ················· 22

生きていくのに最低限必要な食べ物すら手に入れられない状態。これを世界銀行は、「1日1.9ドル未満で生活しなければいけない状態」と定義する。その統計によれば、極度の貧困に苦しむ人びとは、世界に約7億3600万人いるという（2015年）。

MDGsにひきつづきSDGsでも、あらゆる場所から極度の貧困をなくすことをはじめにかかげている。

食品ロス ················· 18

まだ食べることができるにもかかわらず、食品が捨てられる（廃棄される）こと。国連食糧農業機関（FAO）によると、世界で生産される食料の3分の1にあたる約13億トンが毎年捨てられている。このうち4分の1が有効につかわれれば、飢餓人口のすべてが救われるとの試算がある。SDGs目標12「つくる責任 つかう責任」のターゲットでは、「小売・消費レベルにおける世界全体の1人当たりの食品廃棄物を半減させる」という目標がかかげられた。

政府開発援助（ODA） ················· 15

政府が開発途上国の社会・経済の開発を支援するためにおこなう資金や技術の協力のこと。国家間の協定によって、大規模な経済や社会の基盤の整備がおこなわれる。日本のODAは世界で4番目に多い（2018年度）。

発育阻害 ················· 10、11

慢性的な栄養不良によって、子どもの身体的・精神的な発達がさまたげられること。世界保健機関（WHO）は、身長が同性・同年齢の子どもの標準とくらべていちじるしく低い状態と定義する。2016年のWHOの調査によれば、世界の5歳未満の子どものうち、4人に1人（約1億5600万人）が発育阻害にあるという。見た目では深刻さがわかりにくいが、健康や脳の発達に影響が出る可能性があり、将来、成人病などになるリスクが高いといわれている。ユニセフは発育阻害をふせぐために、妊娠中と2歳になるまでのあいだに適切な栄養をとることが大切だとうったえている。

非政府組織（NGO） ················· 15、19、20、26

民間の国際協力組織のこと。政府開発援助は大規模な開発をするのに対して、NGOは比較的小規模なので住民ニーズにきめ細かく柔軟に対応できるという長所がある。外務省国際協力民間援助連携室は、「貧困、飢餓、環境など、世界的な問題に対して、政府や国際機関とは違う民間の立場から、国境や民族、宗教の壁を越え、利益を目的とせずにこれらの問題に取り組む団体」と定義している。2020年には300以上の団体が日本に拠点をおいて活動している。

紛争 ················· 12

利益が対立して武力をつかった争いになること。国連の目的の1つは「国際の平和と安全を維持すること」で、対立する当事者たちが武力をつかうことなく交渉をするように説得を続けてきた。ところが国連によると、紛争から戦争へ拡大することはへっているが、紛争自体はふえている。2019年のセーブ・ザ・チルドレンの調査によれば、紛争地帯でくらす子どもたちは世界に1億4200万人いる。

農業生産性 ················· 18

農業生産の効率のこと。多くの資源があるにもかかわらず、ほかとくらべて少ない農作物しかとれない状態のことを、「農業生産性が低い」という。開発途上国では、農業に関する高度な知識をもつ機関や人材が少ないために、農業生産性が低くなっているといわれる。

※数字は、関連用語がのっているページを示しています。

さくいん

■著
稲葉茂勝（いなばしげかつ）
1953年東京生まれ。東京外国語大学卒。編集者としてこれまでに1350冊以上の著作物を担当。著書は80冊以上。近年子どもジャーナリスト（Journalist for Children）として活動。2019年にNPO法人子ども大学くにたちを設立し、同理事長に就任して以来「SDGs子ども大学運動」を展開している。

■監修
渡邉 優（わたなべまさる）
1956年東京生まれ。東京大学卒業後、外務省に入省。大臣官房審議官、キューバ大使などを歴任。退職後、知見をいかして国際関係論の学者兼文筆業へ。『ゴルゴ13』の脚本協力も手がける。著書に『知られざるキューバ』（ベレ出版）、『グアンタナモ アメリカ・キューバ関係にささった棘』（彩流社）などがある。外務省時代の経験・知識により「SDGs子ども大学運動」の支柱の1人として活躍。日本国際問題研究所客員研究員、防衛大学校教授、国連英検特A級面接官なども務める。

■表紙絵
黒田征太郎（くろだせいたろう）
ニューヨークから世界へ発信していたイラストレーターだったが、2008年に帰国。大阪と門司港をダブル拠点として、創作活動を続けている。著書は多数。2019年には、本書著者の稲葉茂勝とのコラボで、手塚治虫の「鉄腕アトム」のオマージュ『18歳のアトム』を発表し、話題となった。

■絵本
文：藤田あお（ふじたあお）
神奈川生まれ、一児の母。2019年CHICORA BOOKS キャラクター絵本大賞入選、同年、絵本塾創作絵本コンクール大賞受賞。2020年6月末『アリペン』（絵本塾出版）刊行。

絵：関口宏美（せきぐち ひろみ）
1999年東京生まれ。女子美術大学在学中。 デザインの勉強をしながら、大好きな絵本やイラストを中心に制作をしている。 見た人の気持ちがパッと明るくなるような、心に残る作品を目指して活動中。 商業作品としては本作がはじめて。

■編さん
こどもくらぶ
編集プロダクションとして、主に児童書の企画・編集・制作をおこなう。全国の学校図書館・公共図書館に多数の作品が所蔵されている。

■編集
津久井 恵（つくいけい）
40数年間、児童書の編集に携わる。現在フリー編集者。日本児童文学者協会、日本児童文芸家協会、季節風会員。

■G'sくん開発
稲葉茂勝
（制作・子ども大学くにたち事務局）

■地図
周地社

■装丁・デザイン
矢野瑛子・佐藤道弘

■DTP
こどもくらぶ

■イラスト協力（p24-25）
くまごろ

■写真協力
p4 ：©WFP
p9 ：© Alf Ribeiro ¦ Dreamstime.com
p10 ：Feed My Starving Children
    （FMSC）
p12 ：public domain
p14 ：© Victoria Knobloch ¦
    Dreamstime.com
p15 ：Ken Walton
p17 ：Greyscale / PIXTA(ピクスタ)
p18 ：© Timur Konev ¦ Dreamstime.
    com
p19 ：© Francovolpato ¦
    Dreamstime.com
p22 ：Oxfam GB Asia

SDGsのきほん 未来のための17の目標③ 飢餓 目標2　　　　　　N.D.C.368

2020年8月　第1刷発行　　2021年12月　第2刷

著　　稲葉茂勝
発行者　千葉 均　　編集 原田哲郎
発行所　株式会社ポプラ社
　　　　〒102-8519　東京都千代田区麹町4-2-6
　　　　ホームページ www.poplar.co.jp
印刷・製本　図書印刷株式会社

Printed in Japan
©Shigekatsu INABA 2020

31p 24cm
ISBN978-4-591-16725-0

表紙の絵を描くにあたって

このままでは、子どもたちの将来がまるで生き地獄のようになるかもしれない。
——そう思っていたぼくがSDGsについて知ったのは、2019年の夏。東京駅の喫茶室でかき氷を食べながらこのシリーズの著者の稲葉さんからお聞きしたときでした。

稲葉さんはひとしきりSDGsの重要性をぼくに教えてくれたあと、SDGsのテーマとそのロゴマークを見せてくれました。そしてぼくに、17個の目標のポスターを描くようにと。ぼくがすぐに「いいですよ」と返事をすると、彼は拍子抜けした感じでした。そんなにかんたんに承諾されるとは思わなかったと話しておられました。

ぼくは、自分自身がどんな絵を描くか見てみたくなったのです。

その日は、東京駅から新幹線で門司港へ帰ることになっていました。その車中、ぼくはクレヨンを取り出すと、しぜんと手が動いて描いたのが、「飢餓」の絵でした。ぼくの手はそのあともつぎからつぎへと、SDGsのテーマを描いていました。門司港についたあとも描きつづけ、その晩、一気に17の目標を描きあげました。

そして「ぼくも、てつだいたいです」とメッセージをそえて、次の日に稲葉さんに送りました。

そしたら、このシリーズの表紙の絵にしてくださったのです。

> ぼくも、てつだいたいです。
> ほんきです。
>
> 黒田征太郎

ＳＤＧｓのきほん 未来のための17の目標

G'sくんのつくりかた 写真

G'sくんは ぼくだよ。

パーツⒶⒷは同じ色の折り紙でつくるよ。

ⒶⒷの順につくってから合体してね。

Ⓐ Ⓑ

パーツⒶのつくりかた

2回折って、4分の1にする。

すべて 開く。

中心に向けて折る。

半分に折る。

まん中であわせる

山折り　谷折り

パーツⒷのつくりかた

2回折って、4分の1にする。

すべて 開く。

中心に向けて折る。

半分に折る。

半分に折る。

まん中であわせる

谷折り　山折り